PAUL DURANT

LA

JUSTICE A PARIS

SOUS LA RÉPUBLIQUE

PARIS

ANDRÉ SAGNIER, ÉDITEUR

31, RUE BONAPARTE, 31

—

1879

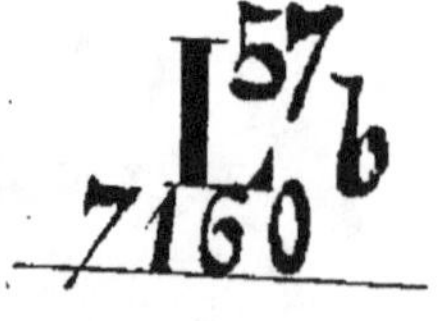

PAUL DURANT

LA
JUSTICE A PARIS

SOUS LA RÉPUBLIQUE

PARIS

ANDRÉ SAGNIER, ÉDITEUR

31, RUE BONAPARTE, 31

1879

LA
JUSTICE A PARIS
SOUS LA RÉPUBLIQUE

A Monsieur LEROYER, Sénateur

Ministre Secrétaire d'État au département de la Justice

à Versailles

MONSIEUR LE MINISTRE,

Je vous prie d'abord de m'excuser si, pour être certain que cet écrit vous soit remis en mains propres, je prends la précaution de vous adresser sous pli recommandé le premier exemplaire : à tout seïgneur tout honneur.

Bien souvent on a répété autour de moi que les lettres adressées aux hauts fonctionnaires de la République ne leur parvenaient jamais qu'après avoir subi une quarantaine, et seulement lorsqu'elles avaient le don de ne déplaire à aucun de leurs familiers. Il m'est difficile de vérifier cette assertion; mais comme la chose existait déjà dans l'Olympe au temps d'Homère, tout porte à croire que la tradition s'en est conservée intacte jusqu'à nos jours, et se perpétuera encore chez nos descendants.

Je ne suis pas un adversaire de l'autorité ; je suis, au contraire, dě ceux qui croient que la réaction, dont on accuse systématiquement les fonctionnaires qui la détiennent, est toujours beaucoup plus apparente que réelle.

La plupart des ministres de notre troisième République sont arrivés au pouvoir avec les meilleures intentions. Malheureusement, le courant des affaires, la nécessité d'une résistance énergique contre les empiétements des adversaires politiques ou des amis trop ardents, et bien d'autres causes encore, exercent sur eux une telle influence que ces bonnes intentions, faute de trouver un aliment réel, ne se manifestent pas bien souvent par des actes réellement indépendants.

C'est donc un ami qui vous écrit, Monsieur le Ministre, et qui vient vous offrir une occasion, heureusement fort rare, de faire acte de justice éclairée en intervenant dans une question de droit où les fonctionnaires parisiens de votre administration, par l'effet d'un zèle mal placé, ont étendu la limite de leurs attributions jusqu'à donner une véritable entorse à la vérité, et à faire servir les manifestations extérieures du culte de la justice à la consécration d'une erreur intentionnelle de personnes.

Voici le fait :

Dans les derniers mois de 1878, un livre quelconque — son titre ne fait rien à la chose — était en cours d'exécution chez un imprimeur de Paris pour le compte du mari d'une femme de lettres (dont le nom nous est également indifférent). Cet homme, qui exploite les livres de sa femme, et dont les dépositaires n'ont jamais été poursuivis dans des occasions beaucoup plus graves, vint prier un de mes bons amis, éditeur et commissionnaire, de lui faciliter l'écoulement de ce roman en l'envoyant à ses correspondants. Il se réservait la vente aux libraires détaillants et aux libraires commissionnaires habitant Paris.

L'adresse de mon ami devait être, dans le cas de l'affirmative, indiquée, à titre de publicité, sur tous les exemplaires du tirage; mais il n'intervenait à aucun titre dans l'impression.

Ce livre, simple étude de mœurs plus ou moins originales, ne pouvait, assurait-on, donner lieu à aucune protestation, soit générale, soit individuelle.

La déclaration de l'imprimeur lors du commencement de l'impression et le dépôt légal du volume imprimé, — constituant les deux formalités légales requises en France pour la publication d'un livre, — furent remplies sans que mon ami eût à y participer, étant totalement étranger au fait matériel de cette publication, dont il ne connaît même pas encore l'imprimeur.

L'ouvrage donna lieu à des poursuites, qui aboutirent naturellement à une condamnation. Il est bien rare, en effet, qu'un livre poursuivi ne soit pas condamné.

Voulez-vous savoir, Monsieur le Ministre, comment on a interprété la loi dans ce procès, dont je ne veux pas examiner la véritable cause? Voici comment.

Mon ami le libraire, totalement étranger à la publication, qui n'a fait que revendre ce livre comme tous ses confrères, en l'achetant au mari de l'auteur, a été condamné pour *avoir publié*, alors que l'imprimeur et le mari de l'auteur, les véritables publicateurs, connus de tous et avouant le fait matériel de cette publication, n'ont pas été mis en cause.

Cette façon de procéder est déjà bien extraordinaire; mais voici qui est encore plus fort.

L'administration que vous dirigez élève aujourd'hui brutalement la prétention de faire payer à mon ami le libraire l'amende résultant de la condamnation du livre au lieu et place de l'auteur.

Elle s'appuie fermement sur le jugement précité ; or, ce jugement est basé lui-même sur un fait notoirement erroné, à savoir que mon ami *a publié* le livre condamné.

Vous le savez comme moi, Monsieur le Ministre, la *publication* ou *édition* d'un livre n'est pas constatée légalement par le fait de l'insertion d'une adresse commerciale sur sa couverture ou son titre ; pour en citer, entre beaucoup d'autres, un exemple classique connu de tous, la grammaire de Noël et Chapsal, qui porte sur son titre quatre ou cinq adresses de libraires-éditeurs, n'est pas publiée ou éditée par ces quatre ou cinq libraires-éditeurs, mais bien par l'auteur ou les héritiers de l'auteur.

Cette publication est constatée légalement : 1° par la déclaration de l'imprimeur, indiquant le chiffre du tirage projeté et le nom de celui pour le compte de qui le travail est fait, et qui est donc l'éditeur réel ; 2° par le dépôt légal du livre accompagné d'une déclaration répétant ces indications et les confirmant après l'achèvement de l'impression.

Le texte de la loi est formel pour ce qui concerne les ouvrages publiés en France, et jamais elle n'a été interprétée autrement, sauf dans le cas actuel et dans un autre procès de presse intenté, en 1877, au même libraire, qui proteste contre cette double interprétation fantaisiste.

Nous avons bien assez de textes de loi, surtout contre la presse, sans vouloir créer arbitrairement d'autres situations que celles prévues par notre législation. Or, je ne crois pas qu'on en soit arrivé pour le livre, quelque horreur qu'il inspire à nos magistrats, à condamner *Jacques* pour le délit commis et avoué par *Philippe* et *Thomas*; c'est pourtant ce qui vient d'arriver dans le cas que j'ai l'honneur de signaler à votre attention.

Il ne s'agit plus d'une bien grosse question matérielle. En effet, on ne réclame à mon ami que la bagatelle de 345 francs 03 centimes.

Mais il trouve que c'est encore de trop, et je suis de son avis. S'il y a eu erreur le 14 décembre 1878, il ne lui semble pas absolument rationnel que cette erreur persiste à subsister en mai 1879.

Comme vous le voyez, Monsieur le Ministre, vous seul pouvez intervenir utilement en ordonnant qu'on ne pousse pas jusqu'à l'extrême le respect de la chose jugée. Mon ami le libraire, qui n'a aucun motif personnel pour professer ce respect à ses dépens, est absolument disposé à ne pas payer pour le voisin et à ne pas accepter un tel arbitraire.

Il serait évidemment fâcheux que, par pure taquinerie, votre administration en arrivât à exaspérer tellement un citoyen paisible, auquel elle n'a rien à reprocher, que cet homme fût obligé d'user pour sa défense personnelle de moyens aussi violents que ceux dont cette administration lui donne l'exemple brutal. C'est pourtant ce qui arriverait fatalement, si une pareille situation se prolongeait davantage.

Je suis persuadé, Monsieur le Ministre, qu'après avoir lu cette lettre, déjà trop longue, vous en adopterez pleinement les conclusions, qui plairont à votre caractère énergique, et que vous voudrez bien donner les ordres nécessaires pour faire cesser les poursuites exercées contre ce libraire à l'abri d'une véritable erreur judiciaire, déjà très-regrettables à d'autres titres que je m'asbtiens de rappeler.

En vous remerciant d'avance, je vous prie d'agréer,

Monsieur le Ministre,

l'assurance de mon profond dévouement.

PAUL DURANT.

Paris, 15 juin 1879.

Périgueux. — Imprimerie Ch. Rastouil et Cⁱᵉ, rue Taillefer.

DU MÊME AUTEUR.

Biographie de M. A. THIERS, Premier Président de la République Française, une feuille in-folio.. 15 c.

Un Libraire à Paris sous la République, brochure in-18 jésus de 36 pages (tirée à 470 exemplaires seulement)................................. 1 fr.

Tiré à 500 Exemplaires.

N°

Périgueux. — Imprimerie Ch. Rastouil et Cie, rue Taillefer.